MEJORES AMIGOS DEL

Espíritu Santo

MIGUENDY CASTRO

Dios te bendiga! Espero que este libro sea el Camino que te lleve a una Profunda Amistad con el Espíritu Santo.

De: ____________________

Para: ____________________

MEJORES AMIGOS DEL ESPÍRITU SANTO
MIGUENDY CASTRO

Primera Edición 2021
Publicado por Miguendy Castro
Villa Hermosa, La Romana, R.D.

ISBN: 978-9945-09-636-1

Autor: *Miguendy Castro – Autor-Editor independiente*
Diseño de Portada: *Miguendy Castro*
Fotografía de Portada: *Manuel Gil | MG Studio*
Fotografía del Interior: *Manuel Gil | MG Studio*
Diagramación General: *Miguendy Castro*
Corrección de Estilo: *Lic. Raysel Peguero*

Contacto:
Correo Electrónico: Mikendi79Payen@gmail.com
Celular: +1(809)302-8658
Instagram: @Miguendy_Castro
Facebook: Miguendy Castro
YouTube: Miguendy Castro
Sitio Web: www.miguendycastro.com

Dedicatoria

Este libro está completamente dedicado a mi persona favorita, el Espíritu Santo, luego a aquellas personas que anhelan fervientemente tenerlo como su mejor amigo. Dedico esta obra también a aquellos que por alguna circunstancia de la vida, perdieron la amistad estrecha y personal que tenían con el Espíritu Santo, y hoy sin importar lo que pasó desean volverla a recuperar.

MIGUENDY CASTRO
Villa Hermosa, La Romana, R.D
2021

Contenido

Agradecimientos

Agradezco en primer lugar a Dios quien me concede la vida y salud para plasmar en escrito estas palabras.

Sumamente agradecido con mi madre por conducirme y guiarme a los caminos del Señor desde mi temprana edad hasta estos tiempos.

Muchísimas gracias Mireya de los Santos, quien fue un baluarte de motivación y apoyo incondicional al escribir este libro. A la vez doy gracias a Lewerkis A. Kelly, mi hermana (no biológica), pero Dios, el tiempo, las circunstancias y la vida nos han unido.

Agradezco infinitamente a mi Pastor y Padre espiritual Osvaldo J. Lima, por forjar mi Ministerio y conducirme en la completa búsqueda del Espíritu Santo. También agradezco a dos líderes que día tras día estuvieron conmigo en la publicación de este excelentísimo escrito, Reynaldo Belén y Michael Quezada. Agradecido con mi querido amigo Ricardo Gil por su apoyo incondicional durante todo este proceso. De igual forma agradezco cada pastor, líder y ministro que ha sido de ayuda y bendición para mi vida y ministerio.

Autor

Endoso

En mi trayectoria como líder me ha tocado ver crecer grandes, lideres, hombres y mujeres de Dios, pero a ninguno salvo a Miguendy, lo he visto tan apasionado y enfocado en lo que Dios le ha encomendado desde su corta edad. A él lo vi un día inesperado, pero al verlo vi que portaba algo diferente. Al paso de los años comprendí que lo que portaba no solamente era de parte de Dios sino que era de esas personas de las cuales un día te sentirás orgulloso de que pudiste verlo en todo su proceso de crecimiento. Miguendy Castro es un joven apasionado por hacer las cosas con excelencia, que tiene bien claro que fue marcado con una unción especial para marcar a toda una generación. Estamos seguro de que este libro viene a empujar a esta generación a vivir una vida más agradable al Padre, solo oramos para que el Señor nos permita como el anciano Simeón ver el cumplimiento de las promesas de Dios en tu vida. Te bendecimos en el nombre del Señor con las palabras de 3ra Juan 1: "Amado, yo deseo que tu seas prosperado en todas las cosas, y que tengas salud, así como prospera tu alma.

Lic. Reynaldo Belén Álvarez

Dir. Liderazgo Strong y Líder Juvenil

Miguendy Castro (nuestro enano). Pensar en él, es pensar en su inocencia y ternura, una madurez espiritual depositada en alguien tan pequeño. Es ver un futuro lleno de frutos del Espíritu. Es un joven de ejemplo entre los cristianos de su generación, es sorprendente ver como Dios usa de manera extraordinaria a este joven que ha decidido ser un vaso de honra en las manos de Dios. Es una representación aquí en la tierra de la existencia del Dios que hay en el cielo.

Julissa Belisario
Salmista

Un Joven el cual me ha recordado que no debo darme al prejuicio, que debo conocer y tratar a las personas antes de. He tenido la oportunidad de compartir con este joven el cual tiene un llamado de Dios muy hermoso y en lo particular me insta al compromiso de serle fiel a Dios sin importar las circunstancias. Me da paz saber que esta generación y las futuras cuentan con tan grande hombre de Dios.

Cristopher Ramírez
Pdte. del Club de Lectura Kadosh

Conocí a Miguendy Castro siendo él apenas un adolescente; desde que lo noté, supe que sería un apasionado de la gloria de Dios. Y aquí lo vemos; un joven siempre interesado en tener más del Espíritu Santo. Su libro Mejores Amigos del Espíritu Santo, una obra escrita esencialmente para ayudar a todos aquellos que desean como él tener una relación más cercana con el Espíritu Santo.

Elvis Martínez
Pastor

Un joven desafiado por la necesidad. Nunca ha sido un obstáculo para él superarse a nivel personal, económico y social. Terminó la secundaria a los 17 años, en el área técnica Gestión Logística y Transporte, y de inmediato fue contratado para una agencia de viajes, por su dinamismo, carisma y dominio de las redes sociales y la empatía que lo caracteriza.

A la edad de 7 años inicio su ministerio de la predicación (su mayor pasión) llevando salvación, sanidad y liberación a los perdidos. Ha sido maestro de escuela Dominical desde los 12 años, a niños, adolescentes y hasta de adultos. Joven dotado por Dios de muchos dones de gracia, predicador, líder, escritor, poeta y compositor. Pese a su corta edad es un verdadero paradigma para los jóvenes y adultos que de una manera u otra tienen contacto con él.

Pido a Dios que te siga bendiciendo, ensanchando y poniendo gracia y multiplicación en todo lo que emprendas.

Osvaldo J. Lima
Pastor de Miguendy

Miguendy único como su nombre, lleno de gracia y del poder de Dios. Sin duda alguna cada día me muestra su pasión, amor y dedicación a Dios. A sus 17 años le mostró a Villa Hermosa en su aniversario ministerial que la juventud si puede ser amigo fiel del Espíritu Santo. Puedo decir es un joven apasionado en todo lo que emprende y más cuando se trata de Dios. Había escuchado hablar a muchos acerca del Espíritu de Dios pero gracias a este joven mi anhelo por Dios fue creciendo hasta un día poder vivir y experimentar la hermosura de una amistad y relación con el Espíritu Santo.

Miguendy es un líder ejemplar, no se da por vencido y sobre todo es muy entregado a su ministerio; Sin duda alguna es un ejemplo para seguir para los jóvenes de Villa Hermosa y un excelente líder juvenil.

Mireya de los Santos

Hay personas que llegan a tu vida sin planificar el momento. El conocer a Miguendy fue uno de esos acontecimientos sin planificar, no sabía que existiera una persona tan especial y motivadora. Siempre está en el momento y lugar para solo decirte "Aquí estoy voy a ti".

Conocer a Miguendy para mi es toda una bendición, disfruto cada momento con él, y una de las cosas que más me gusta de él es esa pasión por las cosas de Dios, esa intensa pasión por el Espíritu Santo. Cuando lo veo ministrar me recuerdo de mis inicios y verle me hizo reflexionar en algunas cosas de mí. Pido al todopoderoso que siga guiando tus pasos y que el brazo beneficioso de Dios sea contigo, conocer personas como tú es una bendición.

Elías Santiago
Pastor

Hace unos cinco o seis años asistía a unos retiros que organizaba la iglesia Asamblea De Dios Revelación, todos los miércoles, en uno de esos retiros vi a un jovencito o con apenas diez u once años que dirigía ese día la programación del retiro, lo vi tan lleno de Dios y tan apasionado por Jesús que desde ese día robó mi corazón. Con el tiempo fue creciendo no solo físicamente, sino mental y espiritualmente, el Señor me regaló la fortuna de conocerlo, y pude ver su hambre y sed por la obra del Señor, la pasión que tenía cuando exhortaba la palabra de Dios con tanto denuedo y sobre todo lleno del Espíritu Santo.

A la verdad que a veces él dice sentirse honrado de formar parte de mi vida, pero realmente yo me siento aún más honrada, porque es un joven que lo ves y ves tu niñez, ves tu adolescencia, y ves que a su edad no tenías siquiera idea de lo que querías ser, cosa que muchos a nuestra edad veíamos imposible, es por eso que la honra es mía de tenerlo en mi vida, si alguien se siente orgullosa de tenerlo en mi vida soy yo, soy su tía (postiza) mas lo quiero como un hijo y deseo que el día en que el Señor me bendiga con un hijo, se parezca a él.

Una de las cosas que más amo de él, es como ama al Espíritu Santo y la importancia vital que le da en su vida, Miguendy es parte de la generación de relevo que Dios ha escogido, para impactar el mundo espiritual.

Karina Mieses
Salmista

Me llama mucho la atención de Miguendy, la madurez que ha tenido con la corta edad que tiene, he aprendido mucho de él, me ha enseñado que no importa la edad, tu estatus social, si eres grande o pequeño, si eres blanco o negro, puedes superarte. Le gusta hacer las cosas con excelencia, se turba cuando las cosas están mal. Es una persona que es amante de Dios, es una persona sumamente celosa con el Espíritu Santo y lo relacionado con Él.

Ha sido una de las piezas claves de mi vida, una de las figuras más importantes, a tal punto de ya no considerarlo un amigo sino un hermano. Cuando lo conocí conectamos al instante y siempre supe que íbamos a compartir proyectos, ideas y demás juntos, ha sido una de las mejores personas que ha llegado a mi vida, puedo decir a boca abierta que Dios me ha bendecido con él, y a la verdad que no me arrepiento de haberlo conocido.

Ricardo Gil

Dir. de Talentos Cristianos TV,
Dir. de Open Minds Company y Salmista

Miguendy Castro, son tantas las cosas, pero si las digo todas, escribiría un libro completo, joven especial, sin apariencia ante la humanidad, líder ejemplar, hijo genial, y si lo tienes como el mejor de los amigos nunca te arrepentirás, me siento privilegiada de tener a alguien tan único cerca de mí, él siempre está dispuesto a ayudar a los demás, ya sea espiritual o secular, él sabe ponerse en tu lugar y créeme que aunque sea con sus oraciones te va a ayudar. Es una persona innovadora, alegre, aunque suele estar a solas con su mejor amigo el Espíritu Santo, sin importar que estemos en grupo muchas veces él se va a solas, una persona perfeccionista y exigente para las cosas de Dios.

Miguendy uno de mis ejemplos a seguir, créanme que cuando dice que el Espíritu Santo es su mejor amigo, de veras lo es, porque antes de conversar conmigo en referencia a algo, ya lo ha hecho con su 1er mejor amigo el Espíritu Santo, él es querido por todos y cae en gracia donde llega y es que es un joven auténtico, feliz con todos y todo, cuando le sucede algo malo, él no se lamenta el recurre a darle gracias a su mejor amigo, créanme que él es único y sé que he dicho mucho esa palabra (único) en este escrito pero es que nunca me cansaría de decirlo él es eso, tan solo eso, ***único****.*

Lewerkis Kelly

Salmista y Vice-Pdta. del Ministerio Jorac

Fue en el 2017, próximo a Semana Santa, que tuve la gran oportunidad de viajar a La Romana, y conocer a un joven con integridad genuina, con esa pasión y amor por trabajarle a Dios, que no solo eran palabras sino hechos palpables. Ese día se convirtió en uno de los mejores momentos de mi vida, ver como este joven con tan poca edad tenía tanta madurez, ver como se manejaba ante una audiencia, visitar su humilde hogar pero cargado de amor. Solo podía decir este chico tiene demasiado dentro y sé que Dios hará cosas grandes en él.

Y la Gloria sea de Dios, así ha sido, su ministerio cada día sus raíces son más fuertes en Dios, su preparación académica sigue en ascenso a Dios sea toda la gloria. Verlo en cada plataforma digital y red social es ver luz en medio de las tinieblas, yo soy privilegiado con su amistad y conocerte es un regalo de Dios.

Lic. Juan Miguel Matos

Salmista, Fundador y Pdte. de la Fundación Fox Farlen,
Pdte. de Fox Media Group y Fox Group Enterprise

Prólogo

Desde siempre se ha tenido la incertidumbre de si realmente se puede tener una relación plena con el Espíritu Santo de Dios. Cuya incertidumbre no mengua a pesar de los muchos sermones que los creyentes escuchamos acerca de esta, la tercera persona de la trinidad. Escuchamos, y aún más que escuchar también entendemos a través de las sagradas escrituras: Que sí podemos disfrutar de una amistad genuina con el Espíritu Santo. Sin embargo no es que sea algo fácil pasar de lo teórico a lo práctico. A lo largo de la historia muchos han decidido ir más allá de la incertidumbre para descubrir que hay detrás del telón "fíjese que dije; han decidido" pues la verdad es que todo comienza a partir de eso, ***decisión****.*

Esta obra literaria tiene como objetivo enseñarte que el Espíritu Santo no es algo que vaya a venir de otro lugar para que lo veas o sientas sino más bien alguien que se te va a revelar (es decir que siempre estuvo) para que le conozcas tal cual es. No es un libro dirigido solo a quienes nunca han experimentado ninguna obra del Espíritu Santo, sino también a quienes han experimentado pequeños destellos y se han quedado ahí, conformados. Este libro nos muestra que hay algo más, que el Espíritu Santo es más que algo, es alguien.

En el párrafo anterior hablo de que el Espíritu Santo se te va a revelar porque es precisamente lo que pasará si alineas tu mente y corazón a lo que enseña este libro, él ha estado haciendo cosas en ti desde siempre pero el velo en tus ojos no ha permitido que lo disfrutes a plenitud, prepárate para tener experiencias con él Espíritu Santo, sin reservas. La iglesia está llena de personas que saben pero que no conocen, muchos de los que coexisten contigo (en tu comunidad, lugar de trabajo, lugar de estudio etc.) saben cosas de ti (Nombre, dirección, profesión etc.), pero no te conocen porque conocer no es saber, conocer es tener intimidad.

Los padres, esposos/as, y los hermanos están llamados a conocer a un individuo (al menos en lo básico), y normalmente pasa así. Una madre con facilidad sabe de marcas que tienen sus hijos en el cuerpo que ni aún ellos mismos saben, sabe también de comportamientos ante X o Y situación. Sin embargo esto no es un patrón, hay personas que viven juntos y no se conocen.

Al recorrer los capítulos de este libro comprenderás que él Espíritu Santo no es algo sino alguien, que la relación tiene que ser alimentada, aprenderás que la relación es para que la disfrutes y sobre todo que él Espíritu Santo es un regalo de Dios para ti (Él mejor).

Michael Quezada

Líder Juvenil, Evangelista
Pdte. Del Ministerio Medeeh

Prólogo

Lo más llamativo al visualizar la portada de esta joya de libro es ver como se le agrega el calificativo de ¨mejor¨ a la amistad con el Espíritu Santo, y es que no es menos de ahí lo que este libro representa en sus páginas.

De pequeños, todos hemos tenido la experiencia de conocer a un amigo que no nos lleva la contraria en nada y siempre se presenta positivo ante cualquier idea, sea buena o sea mala, muchos en la edad adulta hemos comprendido que estas amistades eran toxicas y que debido a su mala influencia nos vimos envueltos en uno que otro lío, que de haber tenido un amigo capaz de decirnos lo que está mal, no hubiéramos incurrido en tal falta.

El autor de este libro no pudo ser más atinado en cada uno de los capítulos que componen esta obra, teniendo en cuenta que los que se acerquen al Espíritu Santo deben estar dispuesto a que él sea su mejor amigo, lo que implica que el Espíritu de Dios debe ser el amigo de mayor confianza en la vida de aquel que desee una comunión con Él.

Si estás buscando como ganar la confianza de este gran consolador es oportuno que leas este libro conozcas el papel de relevancia que juegan la oración y la obediencia en una conexión plena con ese amigo fiel, mientras lees podrás trasladar tu mente a lo que sería vivir una vida llena de los beneficios que aporta tener como mejor amigo a aquel que convence de pecado al mundo.

El autor plasmó de la manera más representativa lo que se siente en el alma y el cuerpo cuando le brindas la oportunidad de ser tu mejor amigo, más allá de eso lo que hay que destacar, son las incesantes invitaciones para que seas tú, querido lector quien viva en carne propia esta prodigiosa experiencia, un libro sin desperdicio alguno, útil como bálsamo para el alma tocando temas tan sensibles como el perdonarnos a nosotros mismos para poder recibir el perdón de Dios, en sus páginas encontraremos revelados más de un secreto de cómo conseguir esa relación permanente con el Espíritu Santo y como lograr que otros se vean bendecidos con esa relación, sin más que agregar y sin ánimos de ser aburrido con un prólogo interminable los dejo que disfruten del mensaje vivificador que posee este libro escrito por el joven talentoso Miguendy Castro.

Candido M. Cordero

Emprendedor

Introducción

La Amistad con el Espíritu Santo es la unión de nuestro espíritu con Él, donde ya no somos nosotros, sino que es Él en nuestras vidas.

La amistad con el Espíritu Santo es lo mejor que podrías obtener en la tierra, algo que ni los ángeles tienen pero que constantemente anhelan tener, es decir, el Espíritu de Dios ha decidido habitar en nosotros y no en los ángeles. Conocerlo a Él, es la tarea más difícil, pero más hermosa, porque cada día te das cuenta de que Él posee una cualidad aún más impresionante y cautivadora, es más, cuando crees que lo conoces es cuando realmente te das cuenta, de que solo estás empezando a conocerlo, y esto despierta en ti la pasión de saber quién es Él en realidad.

Ser Mejor Amigo del Espíritu Santo no es ficticio, es totalmente real, el problema es que hay muchos naturales que quieren entenderlo naturalmente, ignorando que no es una amistad común y mucho menos natural, sino sobrenatural, donde la plenitud de la esencia de Dios se hace palpable a nuestros ojos.

Entrar e iniciar una amistad con el Espíritu Santo no es iniciar un ayuno o así por el estilo, es cerrar toda comunicación con el sistema pecaminoso de este mundo e iniciar una vida de consagración en toda nuestra manera de vivir aun en nuestros pensamientos y deseos de nuestros corazones, abrir nuestro corazón a las decisiones y deseos de Dios por completo, sin excepción de nada.

Antes de...

Antes de iniciar a leer este libro, te invito cerrar tus ojos y preparar tu mente, alma, corazón y espíritu. Haz una oración invitando al Espíritu Santo a leer contigo, pídele perdón, aun si entiendes que no lo has ofendido ni fallado, pues es importante que empieces a leer este libro en plena paz y armonía con Él.

Olvida todos tus errores y todas tus fallas, Él ya lo hizo, solo faltas tú; hoy inicia una nueva etapa en tu vida.

¡La Amistad con el Espíritu Santo!

El Espíritu Santo en
NUESTRAS VIDAS

Cuando el Espíritu Santo deja de ser llama de fuego, hablar lenguas y se convierte en tu Amigo.

01

Capítulo 1

El Espíritu Santo en nuestras vidas

La esencia de la vida de un joven cristiano es la relación estrecha entre el Espíritu Santo y él. Normalmente tenemos al Espíritu Santo como el que nos hace llorar, danzar, el que nos eriza la piel o el que nos hace hablar en otras lenguas, cuando a la verdad, Él es mucho más que eso. El Espíritu Santo es una persona y como persona tiene sentimientos, deseos, cualidades y voluntad que en lo más profundo de Él anhela revelárnoslo. Él desea ir más allá de lo que puedas sentir en un servicio de adoración, Él quiere ser la persona primordial en tu vida, no de palabras, sino con hechos.

El Espíritu de Dios, es una persona accesible, de manera que podemos acercarnos a Él sin temor alguno, es una persona que ansía pasar tiempo con nosotros y estar en nosotros, Él es la persona más excelsa y sublime, que hace temblar nuestro corazón a tal magnitud que nos apasiona completamente. Su profundo deseo de habitar en nuestras vidas ponen al descubierto la majestuosidad de su presencia.

Nadie podrá enseñarte quien es el Espíritu Santo por más que lo intente, tú tiene que conocerlo personalmente y tener tu propia experiencia con Él, pues no basta con la experiencia que otro vivió para que tú tengas una relación con Él, de hecho, el baluarte que sostiene nuestra relación con el Espíritu Santo es la experiencia personal que hayamos tenido con Él. La experiencia con el

Espíritu Santo es lo que marcará un antes y un después en todo el sentido de tu vida. La vida del apóstol Pedro cambió rotundamente el día que se encontró con el Espíritu Santo, el Pedro que ante la sociedad era alguien insignificante aun caminando con Jesús, el Pedro que tenía al mejor guerrero de su lado y siempre andaba con su espada; este mismo Pedro, fue el que se puso en pie y dio un sermón tan profundo que trajo alrededor de 3,000 nuevos creyentes a la iglesia primitiva, cuando tuvo un encuentro personal con el Espíritu Santo.

> *"La fe del creyente es fortalecida mediante un encuentro personal con el Espíritu Santo".*

La experiencia con el Espíritu Santo es la columna de fe de un creyente; nadie puede refutar algo que tú mismo ha vivido, de manera que nadie puede refutar tu fe si has tenido una experiencia con el Espíritu Santo.

El deseo del Espíritu Santo

El Espíritu Santo no vino solamente para cumplir con una promesa profetizada por el profeta Joel (Joel 2:28) y prometida por Cristo (Juan: 14:16), el vino a vivir en nuestros corazones por siempre, de hecho, Cristo es quien prepara nuestro corazón, para la morada eterna del Espíritu Santo en él, es decir, el Espíritu Santo no mora en un corazón sucio e inmundo, por eso fue necesario que Cristo nos limpiara con su Sangre para poder estar en condiciones de recibir al Espíritu de Dios, en quien no mora pecado ni sombra de imperfección, una vez seamos limpios por la sangre de Cristo, el Espíritu Santo viene a nuestros corazones para habitar en él.

No es que seamos los mejores, es que Él quiere y anhela tener una amistad íntima con nosotros, si vemos en el Antiguo Testamento; el Espíritu Santo venía sobre los profetas, profetizaba y luego se iba, sin embargo, ahora Él ha decidido no irse, sino más bien, quedarse y hacer de nuestras vidas su morada.

> "Nadie que no haya sido lavado con la sangre de Cristo podrá recibir al Espíritu Santo".

El arduo deseo del Espíritu de Dios, es que nos enamoremos de Él y que vivamos una vida agradable y conforme a su voluntad. Cuando estamos afligidos o en momento de soledad Él es el único que dice Yo estoy presente, estoy contigo, vine a consolarte; cuando perdemos la dirección de nuestro camino y no sabemos hacia dónde vamos ni donde estamos, Él llega resplandeciendo como una luz en la oscuridad para guiarnos al camino; cuando perdemos la confianza y certeza de nuestra salvación, Él nos recuerda que fuimos sellados con sus arras para salvación; cuando sentimos que no hay comunicación entre el cielo y nosotros, el cumple aquella promesa dada por Cristo cuando dijo: Tomará de lo mío y os lo hará saber *(Juan 16:14). Él es esa persona tan sensible pero a la vez tan fuerte, tan sublime pero a la vez tan accesible; vivir sin Él es como dejar de existir, pues Él completa el sentido de nuestras vidas, nuestro corazón por naturaleza vino con un espacio reservado para Él, por eso es que sin Él nos sentimos tan vacíos e incompletos, pues Él forma parte de nuestra vida. Su personalidad tan delicada abre puertas a un camino de intimidad personal con Él, lo fuerte de todo esto es que siendo nosotros hombres y mujeres propicios a pecar, Él obvió todo eso y decidió ser más que un amigo con nosotros, decidió ser nuestro mejor amigo.*

Su personalidad

La Personalidad del Espíritu Santo es cautivadora, dulce, sensible, impresionante, sublime, agradable, perfecta e inexplicable, me

faltarían palabras para tratar de describirlo porque Él es indescriptible.

Él es capaz de envolver a cualquier persona que esté dispuesta a vivir para Él y hacer su voluntad, así como lo hizo con Cornelio (Hechos 10), tenerlo a Él es tenerlo todo, pero no tenerlo a Él, es aparentar tenerlo todo cuando realmente no tienes nada.

Cristo mismo describió al Espíritu Santo como nuestro ***Consolador*** *(Juan 14:16), pues él es* *quien nos consuela en los momentos de tristeza y agonía, es nuestro guía en los momentos que perdemos la dirección, es nuestro consejero celestial cuando estamos frustrados, Él es el maestro que nos enseña cada día más de Dios, Él es el garante de nuestra salvación, pues fuimos sellados con sus arras como propiedad de Dios en esta tierra.*

En mi relación con el Espíritu Santo, experimenté algo sorprendente y sobrenatural:

En una de las reuniones que realizaba con el equipo de colaboradores y trabajo del 5to aniversario de mi Ministerio, me enoje en gran manera al ver la poca asistencia de las personas a esta reunión, ya que se había anunciado con bastante tiempo. Bajo un enorme enojo recuerdo que le dije al encargado del coro de adoración: "No tomaré una decisión en este momento porque si la tomo ahora, sé que después me voy a arrepentir de haber tomado esa decisión", y pues con los pocos que habían allí, empecé la reunión, inicie hablándoles sobre la personalidad del Espíritu Santo, en ese momento que empecé a hablarles del Él; inexplicablemente el enojo, la impotencia y el desánimo que tenía desapareció y fue sustituida por paz, amor y alegría, de manera que hablando sobre la personalidad del Espíritu Santo al equipo de colaboradores, la unción del Espíritu Santo descendió e invadió la vida de cada uno de los que allí estábamos, a tal magnitud que los rasgos característicos de su persona fueron impregnados en nuestras vidas, la reunión fue interrumpida por el Espíritu Santo, asimismo como Él interrumpió al Apóstol Pedro cuando le predicaba a Cornelio (Hechos 10:44), aquel día todos nosotros lloramos ante la presencia de Dios, la presencia del Espíritu Santo fue palpable a nuestros ojos ese día de forma extraordinaria.

Fue sorprendente para mí, ver como en un instante la personalidad del Espíritu Santo se adueñó de mi personalidad hasta transformarla por completo, y justo ahí en ese momento, descubrí que la Personalidad del Espíritu Santo transforma nuestras personalidades, aquel día comprendí el cambio repentino que siempre he notado en los que reciben al Espíritu Santo, de tal manera que si una persona era altanera u orgulloso al recibir al Espíritu Santo su personalidad cambia radicalmente, en ese instante pude comprender la forma en que Saulo cambio a ser Pablo, pues esa personalidad sangrienta y vengativa que él tenía fue transformada a la personalidad del Espíritu

Santo produciendo una nueva Criatura, dejando atrás el pasado de un hombre pecador e inmundo. Justo allí entendí que el único que puede transformar nuestro enojo, dolor o tristeza en gozo, felicidad y alegría es el Espíritu Santo.

La personalidad del Espíritu Santo completa la plenitud de la santificación en nuestras vidas, el Apóstol Pedro decía; como aquel que os llamo es Santo, sed también vosotros Santos en toda vuestra manera de vivir *(1 Pedro 1:15), es notable aquí el llamado que el apóstol Pedro nos hace a una vida de santidad, pero sin embargo, hoy en día no es cosa fácil ni sencilla guardarse para Dios, y para esto es indispensable la presencia del Espíritu Santo en nuestros*

> *"La verdad es que si aceptáramos al Espíritu Santo como una persona que quiere ser más que un simple fuego o un simple hablar en lenguas, nuestra vida espiritual sería totalmente diferente a la de nuestra realidad".*

corazones; el Espíritu Santo juega un rol de una santificación, desde el interior hacia el exterior de nuestras vidas, es imposible guardarse para Dios o tratar de vivir en santidad sin el Espíritu Santo, por esta razón Cristo nunca enfrentó la tentación de Satanás sin antes ser lleno del Espíritu Santo (Mateo 3:16; 4:1).

La importancia del Espíritu Santo para vencer la culpabilidad del pecado

Hablar del Espíritu Santo, es hablar de la persona más importante en nuestras vidas, y claro, Él no es el más importante porque lo digamos, sino porque sin Él nuestra vida pierde la dirección y el sentido, o es que no has notado, que cuando apartas al Espíritu Santo de tu vida por alguna acción realizada, te sientes vacío, pierdes el control de tu vida, quieres dejar de existir, sientes que todo el mundo está en tu contra, sientes que nadie te quiere y todo lo que emprendes no te sale a flote al cien por ciento; ahora te das cuenta de que no eres nadie

Donde abundó el pecado;
sobreabundó la gracia.

sin Él, te das cuenta de que definitivamente necesitas al Espíritu Santo; esta es la verdadera razón por la cual Él es la persona más importante e indispensable en nuestras vidas.

Uno de los grandes problemas hoy en día que afectan nuestra amistad con el Espíritu Santo, es la culpabilidad que sentimos por el pecado que cometimos ayer, rechazando el perdón de hoy ante nuestros ojos; normalmente cuando le fallamos a Dios, lo reconocemos y pedimos perdón, pero no nos sentimos realmente perdonados, al contrario, es ahí donde sentimos la lejanía de Dios, sentimos que él no nos perdonó y que ni tan siquiera querrá saber de nosotros, y muchos hasta entran en depresión por causa de esto, todo esto nace en que Satanás siempre te pondrá tus fallas y errores del pasado delante de tus ojos para que no mires a hacia la cruz el perdón del presente, por esto es que el autor de los hebreos nos dice: Puestos los ojos en *Jesús el autor y consumador de la fe* *(Hebreos 12:2), nos sentimos así tan frustrados cuando le fallamos a Dios, hasta que llegamos a tal punto de creer que el Espíritu Santo no volverá a nosotros otra vez, aun pidiéndole perdón con todo nuestro corazón, por la sencilla razón de que le creemos* *más al diablo el cual nos trae la culpabilidad del pecado, que ya fue perdonado, en vez de creerle a aquel que dijo que aunque nuestros pecados fuesen rojos como el carmesí vendrán a ser blancos como la nieve. Si bien es cierto que el único que nos ayuda a vencer la culpabilidad del pecado es el Espíritu Santo, de esto el Apóstol Pablo se tomó el tiempo de dejarlo bien claro de la siguiente manera: "*Él Espíritu mismo da testimonio a nuestro espíritu de que somos hijos de Dios*" (Romanos 8:16).*

La culpabilidad del pecado trae como resultado la pérdida de identidad como hijos de Dios, pues ya no nos creemos hijos de Dios y nos negamos a creer que Él puede perdonarnos, dada esta circunstancia el Espíritu mismo se ve prácticamente en la obligación de darnos testimonio, es decir, de certificarnos o afirmarnos que somos hijos de Dios, para así de esta forma ponerle fin a la culpabilidad de pecado que nos tiene vendados y atados. De manera que el

> *"Creer fielmente que somos hijos de Dios, y que como sus hijos, Él siempre estará dispuesto a perdonarnos y olvidar nuestro error, crea una fortaleza y barrera espiritual ante la culpabilidad del pecado".*

Espíritu Santo desarrolla una función importante frente a la culpabilidad del pecado que día a día enfrentamos en carne propia.

Mi enemigo

Tenemos un enemigo sumamente peligroso, un enemigo que no duerme, no descansa, no se distrae, este enemigo ha sido el responsable de muchas caídas y tropiezos que hemos tenido al igual que las veces que le hemos fallado a Dios, este enemigo es nuestro YO interior, nuestra carne que constantemente anhela las obras y acciones pecaminosas.

Considero que este es uno de los principales problemas en la amistad con el Espíritu Santo, pues cuando todo está marchando bien con Dios, tan solo con parpadear el ojo, nos encontramos en el mar del pecado a punto de ahogarnos en los deseos de la carne, reaccionamos y nos preguntamos ¿cómo esto sucedió? Y no sabemos. Pero justamente para eso está el Espíritu Santo, en esos momentos de caídas así, Él está ahí para levantarnos sin cuestionarnos ni juzgarnos, ahora bien, es de nosotros el tener un corazón arrepentido y humillado delante de Dios para que su amor, gracia y perdón puedan alcanzarnos.

Nuestro enemigo siempre estará con nosotros mientras estemos en este mundo, pero así también el Espíritu Santo estará con nosotros.

Una **VIDA** *De Oración*

02

La otra cara de la Oración para buscar al Espíritu Santo y encontrarlo.

Capítulo 2

Una vida de oración

La oración es una forma de comunicarse con Dios, es una forma muy conocida pero no bien ejecutada. Todos conocemos y sabemos que la oración es un dialogo entre Dios y sus hijos, sin embargo, nosotros sus hijos no sabemos orar.

La oración no consiste en doblar nuestras rodillas, cerrar nuestros ojos y empezar a recitar una serie de palabras o empezar a pedir un sin número de cosas que necesitamos, más bien consiste en escuchar a Dios hablarnos más que nosotros a Él. Una oración nunca será oración si Dios nunca te habló en medio de esa oración, quizás te estés cuestionando en estos momentos las veces que haz orado y solo has escuchado un total silencio de parte de Dios, la verdad es que Dios no dejó de hablarte, sino que siempre fuiste predispuesto al momento de orar esperando escuchar a Dios de una manera.

Es decir normalmente cuando vas a orar te haces una ilusión o tienes cierta perspectiva de como quieres que Dios te hable o que quieres escuchar de Dios y este es un grave error, pues Dios puede estar hablándote a través de una adoración, pero estás enfocado en querer escuchar a Dios con su voz audible y fuerte o de otra forma totalmente diferente a como Él te está hablando en ese instante. Entonces Dios no es el que no nos habla, somos nosotros los que no lo escuchamos.

Ir a orar con una perspectiva predispuesta de cómo quieres que Dios te hable, limita la revelación de Dios hacia ti, por medio de la oración.

Por mucho tiempo creí que una vida de oración consistía en durar largas horas de rodillas o clamando a Dios, y no es que eso sea malo, pero realmente no es una vida de oración, porque no nos pasamos las 24 horas orando, en algún momento salimos a algún lugar, trabajamos, estudiamos y hacemos otras actividades, entonces en esos momentos es donde exactamente dejamos orar, por el mal concepto o perspectiva que tenemos acerca de la oración. La verdad es que en cualquier lugar y momento debemos y podemos hablar con Dios, no solo se habla con Él de rodillas, en la iglesia u otro lugar de retiro espiritual, podemos orar siempre (Hablar con Dios), porque tenemos al Espíritu Santo que está en nosotros pero también está en el corazón de Dios.

El Espíritu Santo es la esencia de Dios habitando en nosotros, donde quiera que nos movamos Él va con nosotros y nos escucha, nos habla y lo sentimos, aquí radica la esencia de la oración, hablar con Dios por medio de su Espíritu en todo momento.

En ocasiones estuve de camino a la escuela, y de repente, en el autobús sentía un escalofrió muy diferente a uno normal, en esos momentos, solo decía: ***"Buenos días amigo mío, ¿Cómo estás?"****. Antes de eso no tuve unas previas palabras hacia Dios para sentir su presencia, pero si una ferviente comunicación con su Espíritu que le permitía hablarme; recordemos al Profeta Elías que en numerosas ocasiones decía: Viva Jehová en cuya presencia estoy, no recuerdo haber leído que el profeta hablara esto en tiempo pasado, sino en presente.*

Es importante saber que una vida de oración es hablar con Dios en cualquier momento y lugar; Dios no está en un solo lugar, Él está en todo lugar. Al momento de orar debes hacerte esta pregunta: ¿Oro porque quiero hablar con Dios? o ¿Porque quiero algo de Él o Porque quiero parecer más espiritual que otros?

Dejé de orar

La oración es lo que alimenta nuestro espíritu, es imposible tener una amistad con el Espíritu Santo sin tener una vida de oración.

Dejar de orar es lo que inconscientemente hacemos al envolvernos en afanes del día a día hasta volverse un hábito en nosotros.

En un momento de mi vida y amistad con el Espíritu Santo deje de orar, considero que fue el peor error que puede cometer en mi vida. Dejar de orar es como suicidarte espiritualmente, es como dejar de alimentar tu espíritu, y la relación con Dios poco a poco se va desvaneciendo, te vas volviendo cada vez más insensible a su toque e ignorante a su llamado y muy vulnerable a los ataques del enemigo.

En este capítulo el propósito principal es destacar la importancia de la oración para mantener una amistad con el Espíritu Santo, pues dejar de orar es dejar de hablar con el Espíritu Santo. La oración te permite conocer la voluntad y deseo del Espíritu Santo para tu vida, por lo cual es primordial en la relación con Él, sin embargo, dejar de orar solo te hace caminar a ciegas en un camino que no conoces, el error más grande que cometemos es creer que dejamos de orar cuando no cerramos nuestros ojos y le decimos algo a Dios, la verdad es que lo dejamos de hacer desde el día en que no pensamos en Él.

El secreto no está en tu encerrarte
en la iglesia o en el monte a orar,
el secreto está en poder orar sin
estar encerrado.

¿Después de la oración?

Un día, después de durar ciertas horas orando en el templo, al salir me hice esta pregunta ¿Después de la oración que sigue?

Muchos quizás se han hecho esta pregunta, duraste cierto tiempo de búsqueda profunda de Dios, pero después de eso ¿qué sigue?, he notado que la mayoría de las personas te motivan a orar pero nunca te dicen que hacer después de orar, he visto personas dudar de Dios después de orar, descarriarse después de orar, alejarse del propósito de Dios después de orar, pues de que sirve orar profundamente si al finalizar no sabes que hacer.

Dure meses haciéndome esta pregunta, incluso consulte con varios líderes, pastores y ministros amigos míos al respecto de esta pregunta, todos concordaban con algo: ¿Qué hare yo con lo que Dios me dijo o me dio después de la oración?, pues de esa acción dependerá lo que sigue, ¿Mantener una vida de oración, búsqueda constante de Dios y cumplir con lo que Dios me dijo en medio de la oración o Seguir en lo que estaba antes de orar?.

Hacer de la oración un estilo de vida es algo que cuesta muchos sacrificios e intentos fallidos, muchas veces iniciaba una semana tremenda de oración pero a la próxima semana ya estaba más frio que un hielo, y en medio de todo eso me preguntaba ¿por qué me pasa esto?, hasta que entendí que mi carne predominaba más que mi espíritu, pues terminaba una semana gloriosa de oración y silicio pero a la próxima semana no recordaba ni tan siquiera leer la biblia, entraba en un entorno que no aportaba nada a mi vida espiritual; ahí aprendí que no puedo alimentar a mi carne al mismo tiempo que alimento mi espíritu, cuando alimento más a mi espíritu entonces predominará más el espíritu. Alimentar el espíritu no es hacer una jornada de ayuno, silicio, etc., más bien es tratar de perder lo menos posible la comunión con el Espíritu Santo. La lucha real la enfrentamos día a día en carne propia sin darnos cuenta, pues tenemos amistades que nos influencian indirectamente a acciones que parecen que no son malas pero que afectan nuestra vida espiritual, personas que no te guían a buscar a Dios, afanes de la vida que te roban el tiempo de por lo menos leer un texto bíblico, hablamos y proferimos palabras que entristecen al Espíritu Santo, conversaciones que nos inducen a fallarle a Dios o que activan pensamientos pecaminosos en nuestra mente; son tantas las cosas que nos hacen alejarnos del Espíritu Santo que muchas veces hasta parecen no serlo. Todo aquello que distrae tu mente y corazón de la voluntad de Dios es una amenaza fuerte para tu vida de oración, por eso aprendí a crear un ambiente social y un círculo amistoso donde predomine el Espíritu Santo.

De esa forma aprendí que después de la oración debo alimentar más a mi espíritu en todos los sentidos antes que a mi carne.

El secreto no está en tu encerrarte en la iglesia o en el monte a orar, el secreto está en poder orar sin estar encerrado. Poder orar en el trabajo, en la escuela, en la casa, en la calle, en el super mercado, en todos los lados donde te muevas en el día a día.

Es fácil orar encerrado, en un lugar donde nadie te moleste, "ni el diablo puede entrar"; pero veamos qué tan fácil es en el campo de batalla, donde eres tentado segundo tras segundo, recibiendo ofertas del enemigo muy llamativas.

Muchas veces caí, segundos después de orar, me enojaba conmigo mismo y mucho más con el

Espíritu Santo, mi mente no asimilaba una caída después de una oración y consagración de días y semanas ante Dios. Hasta el día en que el Espíritu me habló al corazón y me hizo entender que después de orar nunca se debe bajar la guardia, tienes que mantenerte velando siempre, por esa razón Jesús le dijo a los discípulos que estaban con él en Getsemaní: Velad y Orad, en pocas palabras oren pero no bajen la guardia, no se duerman, ojos abiertos.

> *"Muchos son los que Orán y pocos son los que están velando."*

Por eso muchos le fallan a Dios y ni cuenta se dan de cómo sucedió, porque no velaron.

Obediencia

En mi relación con el Espíritu Santo, un principio muy importante que tuve que aprender; es que lo más importante en la relación no es la oración, sino la obediencia. Todos conocemos un asombroso David conforme al corazón de Dios, pero muchos obviamos un principio que este tuvo que aprender cuando peco con la mujer de Urías (2 Samuel 11), por más que David oró y oró por la vida del niño, Dios no le hizo caso a su oración por causa de la desobediencia que él había cometido.

Relacionarse con el Espíritu Santo, no se trata de orar y orar, como muchos piensan y hacen, más bien se trata, de obedecerlo con la misma intensidad que oramos, hoy en día nos concentramos más en orar y orar, y nos olvidamos de que la obediencia es primordial, pues de que nos valió haber orado y orado si cuando terminamos de orar no le obedecemos. La obediencia trae la integridad y humildad y esto te hace ser aceptable ante su presencia, no es que la oración no es importante si no que no tiene efecto sino está acompañado de una obediencia.

Dios es muy sensible en cuanto a la obediencia, por esta misma razón Saúl perdió el reino en Israel por siempre; Dios nos llama a una vida no solo de Oración, sino también de Obediencia. El Espíritu Santo viene a una vida que este en completa obediencia a Dios, las personas se enfocan mucho en buscar al Espíritu Santo solo con oración, y se olvidan de buscarlo con la obediencia también, una se sostiene de la otra; cuando Cristo partió de esta tierra les dijo a sus discípulos: no salgan de Jerusalén hasta que no hayan recibido el Espíritu Santo *(Hechos 1: 4), los discípulos obedecieron a esto y se quedaron en Jerusalén, y luego fueron a orar en el Aposento Alto, pero ¿Qué hubiese pasado si los discípulos no se quedan en Jerusalén y se fueran a otra ciudad y oraran allá?, estoy seguro de que no recibirían al Espíritu Santo por más que oraran, pues estarían en desobediencia; esto mismo muchas veces nos acontece, pretendemos recibir al Espíritu Santo u algo de parte de Dios estando en desobediencia.*

Recibir al Espíritu Santo requiere de obediencia y oración, sin ambas estarás en nada y necesitas tener a ambas para mantener una amistad con el Espíritu Santo.

De Siervos a **AMIGOS**

03

Conociendo la voluntad de Dios desde el principio de los tiempos.

Capítulo 3

De siervos a amigos

Jesús en una ocasión conversando con sus discípulos, le comenta lo siguiente: "Nadie tiene mayor amor que este, que uno ponga su vida por sus amigos. Vosotros sois mis amigos, si hacéis lo que yo os mando. Ya no os llamaré siervos, porque el siervo no sabe lo que hace su señor; pero os he llamado amigos, porque todas las cosas que oí de mi padre, os la he dado a conocer" *(Juan 15: 13-15); si analizamos bien este texto, notaremos que Cristo acaba de llamar a sus discípulos amigos, por la simple razón de Él haberles dado a conocer, todas las cosas acerca de su padre; podríamos llamarle a este tipo de amistad "Amigos Íntimos o más bien Mejores Amigos", puesto que un amigo común y corriente puede que conozca a tu padre, pero solo un amigo íntimo conoce todo lo de tu padre, de hecho, el contexto de este pasaje ahí, hace referencia a la revelación de informaciones secretas que solo los hijos conocen, de manera que cuando Cristo le dice a sus discípulos que le ha dado a conocer todo lo que Él ha oído de su padre, está haciendo referencia a que les ha declarado informaciones que solo personas intimas de Él pueden conocer, por esta razón les dice ya no puedo continuar llamándolos siervos, pues ya ustedes conocen informaciones que un siervo no puede conocer.*

Teniendo esto en cuenta pude comprender que Cristo solo estaba preparando a sus discípulos para que posteriormente pudieran recibir a quien sería su mejor amigo, digo esto, porque si bien analizamos la vida de Jesús con sus discípulos, nos daríamos cuenta de que Él solo los estaba preparando para el encuentro con el Espíritu Santo, pues en varias ocasiones Jesús les decía que el Espíritu Santo les enseñaría todas las cosas y daría testimonio acerca de él (Juan 14:26; 15:26), de manera que ahora Él los estaba encaminando hacia una amistad íntima que más adelante ocuparía el Espíritu Santo.

> *"El mayor error que a diario cometemos es ir delante de la presencia de Dios como siervo cuando Él ya nos hizo su amigo".*

El Apóstol Pablo confirma esto de la siguiente manera: "*Antes bien, como está escrito: Cosa que ojo no vio, ni oído oyó, Ni han subido en corazón de hombre, son las que Dios ha preparado para los que le aman. Pero Dios nos las reveló a nosotros por el Espíritu; porque el Espíritu todo lo escudriña, aun lo más profundo de Dios*" *(1ra Corintios 2: 9-10), el Apóstol Pablo describe que la revelación de los misterios y secretos de Dios hacia nosotros, son dados y recibidos por medio del Espíritu Santo; de manera que ahora vemos al*

Espíritu Santo revelándonos todo acerca del Padre, si bien comparamos, esto fue exactamente lo que Cristo hizo con sus discípulos, Él los llamó amigos por darle a conocer todo acerca de su Padre y el Espíritu Santo también hace lo mismo con nosotros, viene y nos da a conocer las cosas de Dios que no todas las personas conocen; entonces si Cristo por esto llamó a sus discípulos amigos, cuanto más nos llamaría así el Espíritu Santo.

Si bien es cierto, que Dios desde la antigüedad, buscaba la manera de establecer una amistad íntima con el hombre, podemos citar a:

- *Enoc, un hombre que Dios caminó con él (Genesis 5:24).*
- *Abraham, un hombre que el mismo Dios lo llamó su amigo (Santiago 2:23).*
- *Moisés, un hombre que hablaba con Dios como cualquier hombre le habla a su compañero (Éxodo 33:11).*
- *Eliseo, un hombre que Jehová no le encubría absolutamente nada (2da Reyes 6:12).*

Entre otros más, todos tuvieron una amistad con Dios, pero dentro de la voluntad de Dios estaba que no solo ellos fuesen sus amigos, sino todos, dejando de ser siervos y pasar a ser Amigos de Dios.

Diseñados para ser Amigos de Dios

Desde el inicio de los tiempos, Dios diseñó al hombre con 2 características imposibles de no visualizar; la eternidad del hombre en la tierra que posteriormente perdió, y el gobierno sobre todo lo creado en la tierra. Sin embargo, pude identificar una 3ra característica, que vino en el diseño del hombre desde la creación, y que es aún más importante que las dos mencionadas anteriormente, con esto me refiero, a una relación de amistad íntima y personal con Dios.

Desde la creación de Adán, podemos notar la comunicación tan directa y personal de Dios con el hombre; hablo de una amistad donde Dios en esencia se comunicaba con el hombre sin problema alguno; si bien leyéramos los siguientes textos (Gen. 2: 16, 3:8) notaríamos que Dios hablaba frecuentemente con el hombre sin ninguna interferencia ni limitación alguna, de hecho, si leemos detenidamente el verso 8 del capítulo 3, observaremos que Dios se paseaba en el huerto, al aire del día; es decir, el Dios Todopoderoso, aquel que habita en luz inaccesible, está paseándose en el huerto, justamente donde está el hombre y no obstante esto, sino que también establece una relación estrecha con el hombre, hasta el punto en que observa, que no es bueno que el hombre este solo, y que necesita una ayuda idónea (Genesis 2:18); en este mismo texto, puedo notar que Dios, continuamente se paseaba por el huerto para hablar con el hombre, sea para darles instrucciones o simplemente conversar, y todo esto ocurría desde la creación del hombre, hasta la aparición del pecado en el mismo.

Antes de la aparición del pecado en el

hombre, Dios le había dicho que no comiera del fruto del árbol que está en medio del jardín, puesto que el día que comiera de ella morirían, sin embargo, Adán y su esposa persuadida por satanás comieron del fruto del árbol prohibido. Desde ese mismo instante en el cual el hombre desobedeció al mandato de Dios, se produjo la muerte de este, en esta ocasión vamos a centrarnos en la muerte espiritual del hombre.

Para poder entender esto, es necesario que acudamos al momento de la creación del hombre; cuando Dios crea al hombre, ***sopló*** *sobre él aliento de vida (Genesis 2:7), la palabra aquí utilizada "aliento de vida" se traduce del hebreo como "Ruaj", que significa aliento u espíritu; al momento de la creación del hombre, estaban allí presentes el Padre, el Hijo y el Espíritu Santo (Genesis 1:26), por lo cual, Dios en su divinidad, anhelando mantener una relación íntima con nosotros en esta tierra cuando fuésemos creados, incorporó en nosotros su Espíritu, dándonos así vida pero también creando una comunicación directa con Él.* ***Dios es Espíritu*** *(Juan 4:24), por lo cual nadie puede comunicarse con Dios en la carne, solo en el espíritu, por esto Dios conociendo esta ley del mundo espiritual nos dio su Espíritu para* *relacionarnos con Él, esta es la tercera característica que vino en el diseño del hombre; Que el Espíritu de Dios estaba en él. El hombre en el principio tenía el Espíritu de Dios, pues era y es la única forma mediante el cual se comunicaba con Dios.*

Pero esa característica prontamente moriría, al hombre pecar contra Dios, perdiendo así la relación estrecha con Él, tanto así que fue expulsado del Edén, quedando muerto espiritualmente, pues ya Dios no se paseaba como antes alrededor de él, y su voz ya no le hablaba, porque esa relación estaba muerta.

La muerte del hombre en este contexto del cual estoy hablando, es la separación de Dios del hombre. Por esta razón Dios los saco fuera del Edén, marcando una separación de comunicación; notamos que luego que el hombre es separado (muere) de Dios, ofrecen ofrendas a Dios buscando su favor, misericordia y perdón (Genesis 4:3).

Dios puso su Espíritu en nuestro espíritu para comunicarnos con Él y tener un pedazo de Él en nosotros.

Una vez la relación de Dios con el hombre es muerta, se vio la necesidad de volverla a restablecer; por esta razón Cristo viene, paga el precio de nuestros pecados y restablece la comunión del Espíritu Santo con el hombre, y al partir de esta tierra, nos lo envió para que habite en nosotros como en el principio: ***Y habiendo dicho esto, sopló, y les dijo: Recibid el Espíritu Santo*** *(Juan 20:22), Jesús en este pasaje realizó la misma acción que en el principio se hizo en la creación del hombre:* ***sopló Espíritu sobre ellos*** *(Genesis 2:7).*

De forma que nosotros, portamos en nuestro interior el acceso continuo y directo a la presencia de Dios sin interrupción alguna, a través del sacrificio de Cristo.

UNA RELACIÓN

Con Él

Una Amistad entre dos;
Más de Él y menos de Mi.

04

Capítulo 4

Una relación con ÉL

Unos de los factores escasos hoy en día, es la relación con el Espíritu Santo. En el Espíritu Santo habita la máxima expresión del Poder de Dios, de manera que tenerlo a Él es tener el Poder de Dios a plenitud, por esta razón Cristo les dijo a sus discípulos: **Pero recibiréis poder, cuando haya venido sobre vosotros el Espíritu Santo** *(Hechos 1:8).*

> *"Una relación con el Espíritu Santo te llevará a poder experimentar grandes dimensiones sobrenaturales de la Gloria de Dios en tu vida".*

El Espíritu Santo es una persona que siente tristeza o se aflige, el Apóstol Pablo lo afirma de la siguiente manera: **No contristéis al Espíritu Santo de Dios** *(Efesios 4:30), la palabra contristar hace referencia a entristecer profundamente a una persona; tomando este mismo pasaje bíblico, podríamos deducir que hay acciones que realizamos, palabras que expresamos y pensamientos en nuestras mentes, que afligen y alejan al Espíritu Santo de nosotros.*

El Espíritu de Dios es muy delicado y sensible, razón por la cual, a nosotros se nos torna un tanto difícil mantenerlo a Él en nuestros corazones, sin embargo, una relación con Él es lo que permitirá que Él se mantenga en ti. Muchas veces creemos que el Espíritu Santo está en nosotros, cuando realmente Él está cerca de nosotros, quizás te preguntarás y ¿cuál es la diferencia?, la diferencia consiste, en que el Espíritu Santo cuando está cerca de ti, puede irse de tu lado sin tan siquiera tú darte cuenta; por eso tenemos un sin número de personas hablando bajo una convicción sin fundamentos y ministrando sin respaldo del Espíritu de Dios, pero cuando el Espíritu Santo está en ti, el día que no lo escuchas estás medio extraño, sientes que algo te falta, por esta razón el salmista David en su súplica le decía a Dios: no quites de mi tu Santo Espíritu *(Salmos 51:11), es más, él se atrevió a demandarle a Jehová una sola cosa, cuando él escribe el Salmo 27:* **Que esté yo en la casa de Jehová todos los días de mi vida, para contemplar la hermosura de Jehová y para inquirir en su santo templo;** *el salmista comprendía la dimensión que hay en una relación con el Espíritu Santo, Cristo mismo declara que David tenía al Espíritu Santo (Marcos 12:36) de manera que David sabe lo que él está diciendo en Salmos 27.*

Dios es espíritu dijo Jesús, y que es necesario, de que aquellos que lo adoran, lo hagan en espíritu y en verdad (Juan 4:24), sin embargo, no te has preguntado, ¿cómo voy a adorar a Dios en el espíritu? La realidad es que el Espíritu Santo es esa persona que se encarga de tomar tu espíritu y unirse a él, y llevarlo a la dimensión de lo espiritual, donde tu adoración es extraída de lo natural y elevada al trono de Dios, nadie puede adorar a Dios en espíritu y en verdad, sino tiene al Espíritu Santo.

Se trata de ÉL y no de mi

Una relación con el Espíritu Santo podría resumirse en enamorarse de Él, apasionarse por Él, vivir para Él, sentir lo que Él siente, ver con sus ojos, escuchar con sus oídos, ser movidos y dirigidos por Él. Muchas veces solemos decir ***"Heme aquí Espíritu Santo, haz de mi lo que quieras,"*** *pero cuando llega el momento del Espíritu Santo tomar el dominio de nosotros hay ciertas áreas de nuestras vidas que le cohibimos, por eso, esto no consiste en que tanto yo pueda decir o expresar, sino en que tanto Él pueda decir y expresar de nosotros, es que somos tan dados a hablar tanto en nuestras oraciones, que no lo dejamos hablar a Él y nuestras oraciones se convierten en un rezo y no en un diálogo entre Dios y nosotros, esto no se trata de mí, sino de Él, tenemos que aprender a hablar más de Él y menos* *de nosotros, a presentarlo a Él y no a nosotros y a exhibirlo a Él en vez de a nosotros, si muchos entendieran este misterio dejarían de decir que Dios ya no habla como antes. El problema está en que muchos ven al Espíritu Santo como una fuente de ingresos económicos y grandes posiciones sociales, y mientras lo vean así nunca lo recibirán ni lo tendrán; porque se enfocan en lo material y terrenal, buscando las añadiduras antes que el reino de Dios y su justicia. Mientras estés buscando al Espíritu Santo por beneficios y no por amor y relación, nunca lo encontrarás, pues Él se muestra a aquellos que se acercan a Él con sinceridad de espíritu y corazón.*

Es hoy y ahora

*La relación con el Espíritu Santo no puede ser entendida naturalmente, es más, esto trasciende aún más allá, pues para ser amigo del Espíritu Santo tienes que aprender a ser enemigo del mundo, ¡sí! del mundo, por cuanto el sistema de este mundo te incita y te lleva a estar en contra de los deseos y voluntad del Espíritu Santo, siendo así solo tenemos dos opciones "**Ser amigos del mundo o ser amigos de Dios**", pero de este último hablaré más adelante.*

Yo elijo ser
Amigo de Dios.

Se que es difícil guardarse y ser íntegro ante Dios, pero si lográramos entender, que esto solo es cuestión de tomar una seria decisión con autoridad y carácter, puesto que todos los días escuchamos un sin números de mensajes poderosos que quebrantan nuestros corazones y somos ministrados fuertemente por parte de Dios, pero nunca tomamos la decisión de aplicar y hacer lo que Dios nos ministró a través de aquel mensaje, y pues de esta forma es como nos convertimos en solo oidores y no hacedores de la palabra de Dios; nos quedamos en el mañana voy a empezar a orar, la próxima semana iniciaré un ayuno profundo, cuando me den las vacaciones me iré al monte a orar, y así pasan días, semanas, meses y hasta años con lo mismo, y hasta que no te pongas en pie firmemente y tomes la decisión con carácter autoritario, enfocado y direccionado en decir hoy y desde ahora me desligo del sistema de este mundo e inicio una relación con el Espíritu Santo, te quedarás en el ***"mañana lo haré"****.*

Esto no se trata de un deseo no realizado o de una voluntad no ejecutada sino de una decisión autoritaria que dará paso a la soberanía del Espíritu Santo en nosotros. Todos vemos a un Moisés lleno del poder de Dios, un Moisés que Dios hablaba con el cara a cara, pero pocos vemos la decisión autoritaria que este hombre tomo cuando la zarza ardía en el monte, dejó las ovejas sin pastor para ver y contemplar de cerca e indagar la razón por la cual la zarza no se consumía, Moisés no lo dejó para mañana, mas bien, lo hizo en el mismo instante, y gracias a esa decisión conocemos al gran libertador de Israel; inclusive la decisión que Moisés tomo en ese momento fue hasta arriesgada en un sentido, debido a que dejo a las ovejas totalmente indefensa y sin protección alguna (Éxodo 3: 1-3). Si tan solo fuésemos capaces de tomar ciertas decisiones así para iniciar una amistad con el Espíritu Santo, todo sería totalmente diferente, ya no sería un sueño ficticio sino un sueño hecho realidad.

Enamorados del Espíritu Santo

Hoy más que nunca es necesario enamorarse de Él. Cuando te enamoras del Espíritu Santo ya no quieres vivir sin adorarlo, sin escucharlo y sin sentirlo; su amor llena nuestro ser a tal magnitud que solo puedes hablar de Él, de manera que ahora solo tienes tiempo para estar con Él y piensas solamente en Él, esto es una realidad inevitable, todo aquel que logra enamorarse del Espíritu Santo transmite en todo su alrededor al Espíritu Santo. Recuerdo que cuando recién me enamoré del Espíritu Santo se me hacía casi imposible disertar un Mensaje sin hablar del Espíritu Santo, era como que fluía naturalmente, pues ya me había apasionado por Él, a tal punto que en ocasiones llegaba la hora de salir a ministrar y en mi corazón estaba el arduo anhelo de quedarme ahí arrodillado ante su presencia solo para seguir conversando con Él, y ya no quería estar con nadie más que no fuera Él.

El enamorase del Espíritu Santo nos hace sensible al toque de su presencia y ya no quieres estar ni un segundo sin su presencia, de manera que sin darte cuenta tu vida se convierte en una vida de adoración sublime, a tal magnitud que no tienes que ir a un servicio o un congreso para sentir su presencia, porque ya el habita dentro de ti. La sensibilidad al Espíritu de Dios es lo que provoca una constante e insaciable hambre por Él, mas bien, la sensibilidad al Espíritu Santo es la fuerza de la pasión que tienes por Dios y lo que mantiene tu corazón velando por su inmenso amor.

Para nadie es un secreto, que cuando nos enamoramos de una persona, solo pensamos en esa *persona, hablamos de esa persona, soñamos con esa persona, escribimos su nombre y el nuestro en todos los lados, lo colocamos de fondo de pantalla y de perfil, es más, hacemos hasta lo imposible para escuchar su voz o verlo\a, y cuando estamos con esa persona, podemos durar horas y horas conversando y no nos cansamos, al contrario, vemos que el tiempo corre hasta más rápido; de la misma forma deberíamos enamorarnos del Espíritu Santo y aún más. Cuando estas enamorado del Espíritu Santo siempre anhelas estar con Él, hablar con Él, sin embargo hoy en día, duramos semanas sin tan siquiera sentirlo y ni cuenta nos damos de eso; En estos tiempos más que nunca se necesita una generación que este realmente enamorada del Espíritu Santo, es más, el Espíritu Santo está buscando a alguien que este profundamente enamorado de Él para el revelársele.*

Ser amigos del Espíritu Santo, no es decirlo sino vivirlo; cuando tienes un mejor amigo le cuentas todo lo tuyo, desde tus problemas hasta tus éxitos, pero hay muchos que al Espíritu Santo solo le cuentan sus problemas, y sus éxitos lo cuentan a sus amistades seculares. Cuando tienes al Espíritu Santo como tu mejor amigo, lo tratas como un mejor amigo. Los amigos hablan con confianza, no usan palabras rebuscadas y filosóficas en sus conversaciones porque son amigos, son sinceros entres si, pues se muestran tal y como son, conocen sus colores favoritos, sus canciones favoritas, sus gustos y deseos; ¿Acaso le haz dicho un día al Espíritu Santo, Buenos días, como estas?, ¿le haz preguntado, que es lo que le gusta?, es imposible ser mejor amigo de alguien del cual ni siquiera sabes lo que le gusta y lo que no le gusta. Hoy en día es fácil decir soy amigo del Espíritu Santo, lo difícil es demostrarlo.

Dedica tiempo para conocer al Espíritu Santo, conocer al Espíritu Santo no es hablar lenguas, sentir fuego o escalofrío, eso es sentir al Espíritu Santo; conocerlo es intimar con Él, intimar con Él es tener acceso a informaciones secretas sobre Él, es ahí donde descubres que actitud tuya le agrada o no le agrada al Espíritu Santo, es ahí donde te das cuenta si a Él le gusta que ores de madrugada, al amanecer o en el atardecer, conocer al Espíritu Santo es saber qué es lo que Él desea, le gusta, no le gusta, quizás dirás a el Espíritu Santo no le gusta el pecado, ya lo conozco, pero hay actitudes tuyas que no son pecado que posiblemente al Espíritu Santo no le agrade, decisiones que tomaste que no fueron malas pero no le agradaron al Espíritu Santo, incluso la tomaste sin tan siquiera consultarlo con Él, de manera que si verdaderamente quieres ser amigo del Espíritu Santo primero hay que conocerlo.

Muchos determinan un patrón especifico para ser amigos del Espíritu de Dios, pero difiero totalmente de esto, la amistad que tengo con Él, no es la misma que tú tendrás con Él, por lo tanto la relación y la búsqueda también serán distintas, es muy probable que estés buscando al Espíritu Santo por medio de Ayunos y Oración de madrugada, cuando quizás Él te esta esperando en la Oración de la tarde o de la mañana; no digo que orar de madrugada ayunar y esté mal, lo que trato de decir, es que busques y conozcas al Espíritu Santo no como otros lo buscaron y conocieron, sino como Él quiere que tú lo busques y lo conozcas.

Parecerá algo loco o extraño, pero por lo general cuando me sucede algo maravilloso, algo que creía imposible o difícil y el Espíritu Santo lo hace posible y me lo concede, suelo referirme a Él de la siguiente manera: ***"¡Hey te pasaste amigo mío, literal tu eres el final!"*** *o si es algo que pensé por algún mal que alguien me hizo u ofensa, y veo que Él responde por mi y me defiende: "**Tú eres un***

***malo corista, así noo**, (lo digo de manera sarcástica, con mucha sonrisa en el rostro)", esta es la confianza y cercana amistad que he llegado a alcanzar con el Espíritu Santo, no es que le faltes el respeto, es que lo trates como un verdadero amigo, pues a un amigo común y corriente cuando le hablas, no te expresas así hacia él: "Buenos días, mi estimado, un honor saludarle, ¿cómo se encuentra usted?", estoy completamente seguro que no, porque hay confianza y es una amistad cercana. El problema está en que decimos que el Espíritu Santo es nuestro mejor amigo pero lo tratamos como si fuera un desconocido.*

Es tiempo de tratar al Espíritu Santo como un amigo de verdad y no como a un desconocido. No me refiero a faltarle el respeto y tratarlo como que Él fuera cualquier persona sin importancia, me refiero a darle el trato que a los mejores amigos se le dan, hablarle como los mejores amigos se hablan, sentir lo que Él siente, contarle todo, no solo lo malo, también lo bueno, reír y llorar con Él.

Un Regalo Valioso

05

Dios en su infinito amor y misericordia nos envío a su hijo, para perdonar nuestros pecados; Cristo por medio de su sangre y ascensión al Padre nos dejó un regalo valioso.

Capítulo 5

Un regalo valioso

El Espíritu Santo es el regalo más hermoso y valioso que Jesús nos dejó, Él mismo rogó al Padre para que nos lo enviara (Juan 14:16). Cuando alguien recibe un regalo valioso, suele cuidarlo y protegerlo, le nace un amor inmenso hacia esa dádiva y lo exhibe por todos los medios posibles, creo fielmente que deberíamos de hacer lo mismo con el Espíritu Santo, cuidarlo, no entristecerlo, amarlo por encima de todo, los apóstoles cuando recibieron al Espíritu Santo preferían morir antes de negar a Jesús y perder ese regalo tan maravilloso. Cuando recibimos al Espíritu Santo, nos damos cuenta de que Él es esa pieza que le faltaba al rompecabezas de nuestro corazón, y que por tal razón nos sentíamos tan incompletos.

El Espíritu Santo es un Regalo completo, un regalo que no le falta absolutamente nada para nosotros, es un regalo que trae consigo:

- *Amor*
- *Gozo*
- *Paz*
- *Paciencia*
- *Benignidad*
- *Bondad*
- *Fe*
- *Mansedumbre*
- *Templanza*

El Espíritu Santo tiene todo lo que podamos necesitar, de hecho, en nuestras debilidades él nos ayuda (Romanos 8:26), es decir, cuando estamos débiles, de Él es que procede nuestra ayuda, por eso

David, cuando pregunta: ¿De dónde vendrá mi socorro? *Él mismo contesta bajo la unción del Espíritu Santo y dice:* Mi socorro viene de Jehová *(Salmos 121: 1-2), pero aparte de eso, también el Espíritu de Dios intercede por nosotros, con* **gemidos indecibles**, *es decir, cuando nos encontramos en momentos donde la oración no sale de nuestros labios por un momento difícil que estemos atravesando, el mismo Espíritu Santo se encarga de implorar e interceder por nosotros, pero no es una oración simple que hace el Espíritu de Dios por nosotros, el apóstol Pablo especifica que Él lo hace con gemidos indecibles, es decir, el Espíritu Santo clama por nosotros de una forma inexplicable, esto me hace recordar tiempos de mi infancia, en el cual, para yo poder salir a un lugar, mis amigos tenían que ir donde mi madre y pedirle permiso por mí, de la misma forma el Espíritu Santo habla por nosotros en el cielo, , porque el Espíritu Santo expresa los pensamientos del corazón de Dios a nuestros corazones mediante un lenguaje único. Lo más maravilloso es que, en aquellos momentos donde la oración queda estancada en nuestros labios y ni tan siquiera podemos emitir una palabra a Dios, y solamente las lágrimas corren por nuestras mejillas, inundando* *nuestro pálido y afligido rostro, el Espíritu Santo interpreta el lenguaje de nuestras lágrimas y las lleva ante el Padre gimiendo por nosotros.*

¡Cuán grande amigo tenemos que implora al Padre por nosotros!

Su Morada

Este regalo habita en un solo lugar y es en nosotros, ¡sí! nosotros somos templo del Espíritu Santo y por lo tanto Él mora en cada uno de nosotros (1 corintios 3:16). Habiendo tantos espacios y lugares en cielo y en el corazón de Dios, el Espíritu Santo decidió venir a morar y vivir en nuestros corazones, dejando bien claro que Él quiere habitar en nosotros, Ahora bien, ¿Acaso tú dejas que el Espíritu Santo viva en tu corazón? Sería bueno que tengas clara la repuesta a esta pregunta, pues nadie que no viva conforme al Espíritu de Dios, puede decir que Él mora en su corazón.

El Espíritu Santo es quien nos revela los deseos del corazón de Dios, bien lo dijo el apóstol Pablo que el único que escudriña lo profundo de Dios es el Espíritu de Dios y nos los reveló a nosotros (1 Corintios 2:10), por medio del Espíritu Santo conocemos quien es Dios y como acercarnos a Él.

Si aún no ha recibido ese regalo tan valioso, tengo para decirte, que aún está reservado para ti, solo tienes que tomar la decisión de buscarlo. Este es un regalo que no tiene acepción de personas, así como William J. Seymour, Katherine Khulman, Evan Roberts, Juan Carlos Harrigan, entre otros, lo recibieron, de igual forma usted lo puede recibir, esto no es para dos o tres, es para todos, de manera que debes procurar tener ese regalo contigo y en ti.

Una Amistad
ACCESIBLE

06

Lo que creíamos estar lejos resulta estar en frente de nosotros sin darnos cuenta.

Capítulo 6

Una amistad accesible

Una amistad con el Espíritu Santo es tenerlo presente a Él en todo momento y en todo lugar. En cierta ocasión compartía sobre este tema con una maestra que aprecio mucho, de lo cual ella me comentaba lo siguiente:

El Espíritu Santo es mi amigo fiel; hay momentos, donde estoy buscando alguna cosa en mi casa, y no lo encuentro, y exclamo, Espíritu Santo ayúdame a buscarlo porque no lo veo, y de repente aparece lo que estoy buscando, es un poco ilógico pero real. El Espíritu Santo es la persona más importante en mi vida; mi amistad con Él es tan estrecha, que cuando me coloco una vestimenta, le pregunto, ¿Te gusta esta ropa Espíritu Santo?, ¿Quieres que me ponga esta ropa?, de hecho, hay momentos donde Él me reprende y me hace entender que ese tipo de vestimenta no le agrada. Él es esa persona de la cual estoy tan apasionada.

*Al escucharla hablar de su amistad con el Espíritu Santo quede totalmente impresionado, pues ella hablaba con tanta seguridad y confianza sobre Él, y en ese momento pude comprender que lo que muchos consideran inalcanzable, resulta estar justamente a mi alcance y disposición "**la amistad con el Espíritu Santo**".*

Muchas veces nos pintan y nos predican que la amistad con el Espíritu Santo, es imposible de obtener, o nos dan una serie de requisitos que cumplir para poder ser amigos de Él, una serie de requisitos que nos hacen verlo muchas veces hasta inaccesible; en cambio difiero de esto, considero que lo más difícil no es ser amigo del Espíritu Santo, sino dejar de ser amigo de este mundo; si realizáramos una encuesta, preguntándole a los jóvenes que le es más difícil, ¿Dejar el celular para ir a orar? o ¿Dejar de orar para ir al celular? Estoy seguro de que la mayoría contestaran ''Dejar el celular para ir a orar'', de hecho, es posible que hasta a ti mismo le resulte difícil dejar el celular para ir a orar. Nos encontramos en un mundo y época que está cargada de un sin número de afanes y entretenimiento que nos distancian del Espíritu Santo sin que tan siquiera nos percatemos de eso; tenemos tiempo libre para todo, pero cuando llega el tiempo del Espíritu Santo, es el momento preciso en que se presenta algo para hacer y quedamos sin tiempo para el Espíritu Santo.

> "El día en que dejemos de ser amigos del mundo ese día seremos realmente amigos del Espíritu Santo".

En definitiva, me he dado cuenta de que lo difícil no es encontrar al Espíritu Santo, sino ser capaces de mantenerlo en nosotros.

Partiendo de este punto de vista podríamos comprender la raíz de la destrucción de nuestra amistad con el Espíritu Santo, pues nunca le damos importancia a mantenerlo en nosotros, es muy bueno recibir al Espíritu Santo, pero echamos todo a perder ignorando que así mismo como Él entró, también se puede ir, por lo cual la preocupación y prioridad principal en nuestras vidas debe de ser, mantener al Espíritu Santo dentro de nosotros.

> *"El Espíritu Santo no tiene restricciones, las restricciones la pones tú con tus acciones".*

*Normalmente cuando me arrodillo a conversar con Dios, hago la oración que hizo el rey David "*No me eches de delante de ti, y no quites de mi tu Santo Espíritu*" (Salmos 51: 11), pues comprendo que el Espíritu Santo es frágil como una taza de losa que por una mínima caída puede quebrarse y que lo único que lo puede impedir es mi completa entrega a Él en todo.*

Inténtalo una vez más

Muchas veces intentaste establecer una amistad con el Espíritu Santo, pero nunca pudiste, te alejabas, no sentías nada o quizás lo veías tan

No me eches de delante de ti,
y no quites de mi tu
Santo Espíritu.

que a pesar de todo eso vuelve a intentarlo una vez más, pero esta vez no te rindas aunque creas que nos vez nada, pues Dios no se condiciona a nuestros deseos sino a su voluntad. Fueron muchas las veces que traicioné al Espíritu Santo pero aún más fueron las veces que me arrepentí y volví a intentarlo otra vez.

Un amigo no se gana de la noche a la mañana, sino a través del tiempo que pasan juntos, nadie puede ser amigo del Espíritu Santo si no pasa tiempo con Él, no me refiero a un largo tiempo de oración, rompe eso de tu mente, me refiero a literalmente pasar tiempo con el Espíritu Santo, hablar con Él, en el trabajo, universidad o en la casa, en cualquier lugar y momento, no acondiciones el Espíritu Santo a tus perspectiva porque lo limitarás, déjalo fluir en tu vida y veras como te hablará a través de lo que menos te imaginas. En algunas ocasiones he estado viendo películas seculares y de repente el Espíritu ministra a mi vida a través de esa película.

Debemos estar abierto a recibir lo del Espíritu en cualquier momento a través de lo que sea; Dios no es predecible ni tiene un patrón de como hablarle al hombre:

Dios le habló a Balaam a través de un asna (Núm. 22:28).

Dios hizo que el profeta Oseas tomara una mujer adultera solo para que Israel viera lo que ellos le habían hecho a Dios. (Oseas 1).

Dios le habló a Moisés en medio de una zarza ardiendo en fuego (Éxodo:3) y a Elías en la cueva no le hablo a través del fuego sino en el silbo apacible (1 Reyes 19:12).

De manera que cuando lo vuelvas a intentar, esta vez déjalo entrar, no te rindas, de hecho Satanás querrá hacerte ver como que no eres digno/a de tener al Espíritu Santo en tu vida, pero en realidad el Espíritu Santo fue enviado específicamente para ti, así que inténtalo cuantas veces sean necesarias, no te rindas, no permitas que tus errores y fallas creen una barrera y frontera entre el Espíritu Santo y tú, rompe con eso, se como David; ve ante Dios con un corazón ***contrito*** *y* ***humillado****.*

Todo lo que quiero y deseo es que tú mismo encuentres al Espíritu Santo y no vivas de la experiencia de otros, sino de tus propias experiencia pues al final es lo que te sostendrá cuando la duda y la incredulidad toquen la puerta de tu corazón.

Tuve que entender que la relación con el Espíritu Santo es personal, no es ni será igual que la relación que otras personas tienen con Él, justo ahí dejé de anhelar una relación con Espíritu Santo igual que la que tenían otras personas con Él, y tuve mi propia relación personal con el Espíritu Santo.

¡HOY ES EL DIA, INTENTALO DE NUEVO!

Claves para mantener al Espíritu Santo

Mantener al Espíritu en nosotros es una tarea que se ha tornado un tanto difícil, pero yo como joven por medio de la gracia de Dios he logrado mantenerlo en mi vida, puedo decirte que tú también lo puedes hacer, es por eso que a continuación de daré algunas claves para mantener el Espíritu Santo en tu Vida:

1- Una Vida en Consagración: *quita de tu mente la idea de una vida en completa religiosidad, esto va más allá que eso, trasciende desde nuestros pensamientos hasta la más sencilla acción y comportamientos que tenemos.*

El Espíritu Santo es muy sensible y delicado, razón

por la cual la mínima acción o el más sencillo pensamiento que podamos tener puede alejarlo de nuestra vida, es como una paloma que al mínimo paso que sienta de una persona eleva sus alas y se marcha. Siendo así, ahora nuestros pensamientos, palabras y acciones pueden determinar qué tan cerca estará el Espíritu de Dios de nosotros; si proferimos palabras de bien y mantenemos nuestra mente con pensamientos de bien de modo que nada pueda limitar la fluidez del Espíritu en nuestras vidas. Hablo de que todo, absolutamente todo lo que hacemos, ya sea trabajo, escuela, universidad, amistades, fiestas y demás, influyen de forma positiva o negativa en nuestra relación con el Espíritu Santo. Una simple palabra puede contristar al Espíritu como también un simple pensamiento puede alejarlo; el ambiente donde nos desenvolvemos influye mucho en nuestra manera de pensar y actuar de forma que si estamos constantemente en un ambiente agradable al Espíritu, nuestros pensamientos y acciones serán relacionadas hacia Él, más si estamos en un ambiente continuamente dado a lo secular fuera de Dios, nuestra mente y acciones serán así también.

2- Su Tiempo es su tiempo: *un factor primordial que ha destruido la relación con Dios es no darle* *su tiempo.*

Quitarle el tiempo a Dios de tu vida, es como un veneno que tomas para ti mismo. Es imposible ser amigo del Espíritu Santo y no dedicarle tiempo.

Dedicar aunque sea 10 minutos diarios para el Espíritu santo, en un principio puede parecerte insignificante pero con el tiempo tu espíritu predominará entonces iras dándole más tiempo y más tiempo.

3- Oración y Obediencia: *es imprescindible mantener la oración y la obediencia a Dios para que su Espíritu more en nosotros.* *Véase Cap. 2*

4-Arrepentimiento continuo: *no somos unos super hombres y mujeres espirituales que no le fallan a Dios, somos unos pecadores en constante arrepentimiento.*

Es de nosotros tener un corazón arrepentido en constante humillación y perdón ante el padre, pues a diario luchamos con numerosos ataques y tentaciones de Satanás y no estamos exentos a no caer en ellas, por esto tener un arrepentimiento continuo es lo que hará que en un momento que quizás hallas caído no te alejes de Dios sino que te acerques a Él por medio del arrepentimiento.

5-Escuchar su voz desde el interior de tu corazón: *por mucho tiempo quedé frustrado queriendo escuchar la voz del Espíritu de forma audible y feroz, pues entendía que era la única forma de escucharlo, hasta el día en que escuche su voz desde mi interior. No me había dado cuenta de que el Espíritu Santo siempre estuvo hablándome en los momentos que decía que solo escuchaba un completo silencio, comprendí que nunca lo escuché porque estaba tan concentrado en escuchar su voz audible, que nunca le preste atención a su voz desde mi corazón.*

A diario el Espíritu, nos habla al corazón, pero le damos el mérito a lo desconocido y a nuestro instinto. De repente, escuchas esa voz en tu interior, que te dice ora a tal hora o no salgas con fulano, pasado el tiempo te das cuenta de algo trágico que te hubiera pasado si estuvieras con esa persona o recibes algo sobrenatural de Dios cuando oraste según lo que escuchaste en tu interior; me dirás que fue ¨algo¨ qué te dijo todo eso o que fue puro instinto, no, fue el Espíritu hablando en tu interior, pero que aún no has aprendido a identificarlo.

Esto lo logramos mediante la oración, poder escuchar al Espíritu Santo en nuestro interior e

identificar cuando es Él y cuando no, pues en nuestro interior están también nuestras emociones que nos pueden engañar con facilidad.

> *"Me enfoque tanto en tu ausencia que no note tu presencia".*

PALABRAS FINALES

El Espíritu Santo está ahí a tu lado, esperando tu disposición, tu decisión y aceptación para marcar en tu vida, un antes y después, hoy es ese día, abre tu corazón y déjalo entrar y no permitas por nada que Él se aleje de ti.

Terminaste de leer este libro, pero ahora inicias una amistad con el Espíritu Santo, de ahora en adelante son Mejores Amigos.

Made in the USA
Columbia, SC
04 May 2021

36761278R00059